大展好書　好書大展
品嘗好書　冠群可期

大展好書　好書大展
品嘗好書　冠群可期

太極跤 5

我這一生

郭慎 著

大展出版社有限公司

國家圖書館出版品預行編目資料

我這一生/郭 慎 著
——初版——臺北市，大展，2019﹝民108.10﹞
面；21公分——（太極跤；5）
ISBN 978-986-346-267-5 （平裝）
1. 郭慎 2. 臺灣傳記
783.3886 108013965

我 這 一 生

著　　者/郭　　慎
責任編輯/艾　力　克
發 行 人/蔡　森　明
出 版 者/大展出版社有限公司
社　　址/台北市北投區（石牌）致遠一路2段12巷1號
電　　話/(02) 28236031・28236033・28233123
傳　　真/(02) 28272069
郵政劃撥/01669551
網　　址/www.dah-jaan.com.tw
E-mail/service@dah-jaan.com.tw
登 記 證/局版臺業字第2171號
承 印 者/傳興印刷有限公司
裝　　訂/眾友企業公司
排 版 者/千兵企業有限公司
初版1刷/2019年（民108）10月
定　　價/250元

前言

　　一、「我這一生」是將自己的坎坷、艱辛及偶得幸運的歷練，留給家人、徒弟、學生、親友們參酌。雖至桑榆暮景，但仍感夕陽一片美好、生命充滿了希望、老當益壯、迎向朝陽、活出新的生命。

　　二、「我這一生」文中所提及的「新編刺槍術」，是張鏡宇先生與筆者，歷時一年的策劃，帶同部隊戰士暨政戰學校體育學系三、四年級的同學，歷練、艱辛備至的共同創作。能受到陸軍作戰發展司令部評審委員們的信賴，與國軍各軍種部隊的公認，歷經五十五年（民國五十三年至一零八年）的長期推展，成為中華民國國軍，整軍經武的制式典範，是張鏡宇先生與筆者，對國軍亦可以說對國家的一點貢獻。

　　「我這一生」文中所刊影片圖片，均是摘錄於筆者早期舊作中，效果呈現雖不彰，但各種影像、動作正確、神韻依然，是心血之作，故仍選用。

　　四、傳統國術摔角，是筆者終身喜愛，從童稚迄今耄耋，仍樂此不厭。摔角是智與力的運動，講求力學原理，如：槓桿、慣性、重心平衡等，摔角護身倒法、低頭、抱頭、收腹、圈腿使身體成一圓形，倒地時不會傷害，即台語：「踏乎栽、抓呼準，搏倒看肚臍。」人體最脆弱的部位，就是後腦勺子，一旦碰撞，不死也要半條命，所以遵照上述方法要領就會安全。

　　學摔角，不但可鍛鍊體魄，培養勤勉耐勞，循規蹈矩之高尚品德，且能陶冶人格，變化氣質，養成「誠於中，形於外，說實話，做實事」的良善習慣。

　　摔角既有上述諸多價值，當然引起重視，最令筆者感動的是一位就讀國立臺北教

育大學理學院體育學系的楊濱菱同學（國中老師），她以筆者一生致力於體育、運動學術的研究與摔角理論技術的深悉，而撰著一篇「一位摔角運動推廣者的生命經驗——郭慎」論文。承臺北教育大學理學院考試委員審查通過及口試及格，取得碩士學位，使筆者與有榮焉。

事實上，以筆者末學膚受的學識與末道小技的武術，卻受到楊濱菱女士的青睞，在今日傳統武術遭受鄙夷之際，真乃空谷足音，吾道不孤矣！一生多災多難，卻逢凶化吉轉危為安，均得自『貴人』：師長、親友、徒弟、學生們的關照，更感謝妻的悉心照料與女兒、女婿的孝順。（附資料）

國立臺北教育大學理學院體育學系

體育教學碩士班碩士論文

Department of Physical Education

College of Science

National Taipei University of Education

Master's Thesis

一位摔角運動推展者的生命經驗－郭慎

Kuo Sheen-Life Experience of a Wrestling Sport Pioneer

楊濱菱

Pin-Ling Yang

指導教授：鄭國銘博士

Advisor: Kuo-Min Cheng, Ph. D.

中華民國 103 年 7 月

July, 2014

國立臺北教育大學碩士學位論文

口試委員會審定書

一位摔角運動推展者的生命經驗-郭慎

Kuo Sheen -Life Experience of a Wrestling Sport Pioneer

本論文係楊濱菱（21018P004）在國立臺北教育大學理學院體育學系完成之碩士學位論文，承下列考試委員審查通過及口試及格，特此證明

口試委員：　陳耀宏

(口試委員會召集人)

李加耀

郭國欽

(指導教授)

論文口試日期：中華民國　103　年　6　月　8　日

一位摔角運動推展者的生命經驗-郭慎

摘要

本研究是在探討一位武術界耆老對於摔角運動教與學及社會體育推動的歷程，摔角是中國武術的一種，武術運動除了動作技能外更著重於情意的面向，故本研究採用質性研究，聚焦個人生命的經驗，採敘事分析的類型，以訪談、文獻蒐集等方式收集資料並加以分析。研究結果發現郭慎老師自幼學習環境雖不佳，但他抓住每個學習的機會，學習階段律己以嚴認真嚴謹，並且對於所學非囫圇吞棗而是力求融會貫通，在習武多年後將摔角及太極拳精華融合創立了太極角。他滿溢教學熱忱，致力專業寫作，對於其熱精的項目深入的探討。更令人佩服的是他已八十多歲依舊誨人不倦每周至大專院校教學，他長年致力於推動社會體育，雖然受制於現實環境成效不彰，但他依舊堅持理想抱負出錢出力，不但擔任單項協會的主委、理事長，更成立了郭氏太極角宗派，六位理念相近的弟子拜於郭老師門下，期盼也能為摔角運動推展盡一己之力。他自律堅持的運動家精神成就了自己，他無私付出的態度成就了別人。

關鍵詞：摔角、生命史、郭慎

目　次

壹、家　世

　　余姓郭名慎字以謹，山西省五台縣人，生於民國二十年七月二十七日，祖傳以務農為業，家境小康，余出生時適逢豐收之年，稼禾為生之民，均喜氣洋溢，余家薄田雖鮮，其時亦穀粟充溢，倉廩盈滿，因余適生其時，故闔家視為大祥，祖父並以豐年有三字為余小名，以念余之誕生。

　　其時伯父與父親雖成家很久而鮮子，在祖父母急欲抱孫之際，余適時而生，可真說是天時、地利、人和，一時齊集，因而全家待余均親情洋溢，連伯母亦溫情備至，時予關懷，本常受桎之母，更因生余而見重於家。

　　余性好動頑皮，因而累母操勞，常遭祖父母斥責，更受妯娌之諷，尤為母親痛心。六歲父親見背，之後祖父、母亦相繼去世，伯父隨軍在外，其時家中無主，且戰禍頻仍，真可說是天災、人禍一時齊集，因而家道中落，生活頻臨困境，母子二人寡孤相依，勉強度日，之後母親積勞成疾，在余十

三歲時亦棄余而仙逝，稚齡失怙恃苦而無告。後經二舅李存芳，遠親朱叔等相助，得與抗日戰爭的伯父團聚，伯父視余如子，教養備至，對余求學之事，更諄諄善導，因期余與弟、妹（伯父子女）過切，管教非常嚴厲，余十歲入小學，因遭逢亂世，十五歲才勉強進初中，常聽人說讀書因遭諸多困境，因而輸在起跑點。但對余而言，根本就沒有所謂的起跑點。初中僅讀一年，又逢共產黨逞兵作亂，無法繼續學業，毅然投筆從戎。

大難不死，在史書上有個名詞叫「天命」（奧秘不可測，不可解），福、祿、壽、喜莫不受所謂的「天命」的佑守。感嘆！我這一生，童少年失怙恃，又無兄弟、姐妹，受孤獨之苦，及長未成年，十六歲就當大頭兵，受盡軍隊艱苦的身心折磨，十七歲後隨軍作戰、槍林彈雨、饑寒凍餒，受盡苦難。民國三十九年隨軍轉進台灣，又遭受「去此一步，即無死所」的恐懼。八二三砲戰，又面臨國家身死存亡的震撼。

大難不死是天命的佑守，難道受苦難、折磨是天命的摧殘嗎？嘆息我的人生在童稚時就遭受所謂「天命」的戲弄、亂擾……難道這是所謂的「上天有好生之德」應有的真理？抑或是真理的弔詭？！

我真是無語問蒼天，天何其殘暴地惡待一個苦而無告的生命。民進黨執政，不要中華民國又不敢獨立，何去何從，統一茫然，獨立則烽火漫天，百姓流離失所，台灣一夕之間成為廢墟，每一思及不寒而慄。

民國五十六年十二月二十五日（中華民國行憲紀念日、聖誕節）與譚鳳鶯女士締結良緣，民國六十年、六十九年先後生下長女郭慧懿，次女郭慧慈，兩女資質聰慧，樂於學業，郭慧懿畢業於國立臺灣藝術大學戲劇系，郭慧慈畢業於國立高雄餐飲管理學院，妻從事報關行業務及貿易工作，歷時二十餘年，負責盡職，深得長輩信賴，同仁稱讚。妻篤信基督教，虔誠讀聖經，師法耶穌基督大愛，常傳福音，為主內弟兄、姐妹暨外邦人禱告，服事、傷病。筆者於民國五十四年，在北投區十二會所受洗，成為基督徒。讀聖經、禱告、樂於助人，信主後更為殷切。

基督教亦屬宗教，宗教的哲理，是培養人們心靈的純潔，品格的高尚，行為良善，以愛為重和勇敢的意志，凡此種種教化，都是宗教的精神價值。一個人有了宗教的觀念和信仰，在思想上、生活上、行為上才能有所遵循，才不致發生任性的行

為，才能減少犯罪。信仰宗教，絕不能存著迷信成份，不能把自己所需要，都要向神祈求，這是一種卑賤的依賴心理。

小學時唸過一篇文章，題目是『做個好漢』（北方人的常語）內容大意是：「滴自己的汗，吃自己的飯，自己的事情自己幹，靠人靠天靠祖上，都不算是好漢。」意思是做任何事，一定要多方面的運用自己的智慧，尋求適當的方法，請益智者的指引，盡其在己的竭盡所能的克服困難，無法克服才可以請求神的解難、脫困。（附全家福合照）

歡樂一家（爸媽、女兒女婿、孫兒）

貳、軍文職經歷

　　民國三十六年，投筆從戎，投考於駐軍北京的青年軍二〇八師，之後轉戰數載，民國三十九年轉進至台灣。有見國家之復興，深感不學無術，決心自修，期望能有所成，畢竟皇天不負苦心人，於四十三年九月，幸獲考取政工幹校體育組（補修學分，獲文學士學位），近兩年之苦讀，因資質遲鈍所獲了了，然至民國四十五年畢業時，能得正四期體育組第一名，實為余平生榮事。

　　民國四十五年五月二十八日畢業後，分派至陸軍工兵學校體育教官室，擔任少尉助教，五十年調至陸軍步兵學校，體育組劈刺小組晉中尉教官，之後晉升少校教官，五十二年回母校體育學系任教，五十七年晉升中校教官。民國六十四年改敘文職助教（擔任近二十年的軍職助教、教官），卻僅能改敘文職助教，且筆者獲有文學士學位及高考及格證。軍人地位之低賤，只有嘆息，盼主政者能給予軍人合理的關照。民國六十七年晉升講師，民國七

十一年晉升副教授（以上晉等均以論文通過，獲教育部頒授證書）（附軍文職證件）

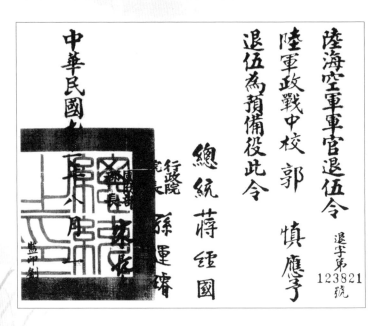

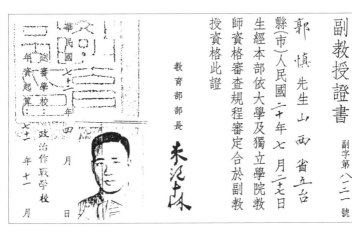

副教授證書　副字第八三一號

郭　慎先生山西省五台縣（市）人民國二十年七月二七日生經本部依大學及獨立學院教師資格審查規程審定合於副教授資格此證

教育部部長　朱滙森

講師證書　講字第一二四九號

郭　慎先生山西省五台縣（市）人民國二十年七月二七日生經本部依大學及獨立學院教師資格審查規程審定合於講師資格此證

教育部部長　朱滙森

參、三位一體的體育經歷

一、國術奠基

筆者山西省人氏，稚齡就跟從外祖父 —— 李東雲公、大舅李西芳學習少林拳與各式套路，因生性喜好運動，且天賦體力特好，十一歲就可以挑兩桶水（約一百市斤），北方家鄉山西黃土高原，生活用井水，必須用扁擔以肩膀挑水，外公視余身強力大，十二歲就親授山西摔角術，山西摔角承傳山西忻州北區撓羊賽（連勝六人即獲得獎勵一隻羊）。抱腿摔法，聞名全國，摔角與柔道均講求儀態大方，技術動作要瀟灑，要乾脆俐落。摔角名師教授摔角，多輕視抱摔動作。但在摔角規則的制約下，只要取勝對手，獲得好成績就是終極標的。因而山西抱摔法贏得摔角界認可好評，各地紛紛學習，並研究破解和防守法。山西摔角、保定摔角與北京等摔角，統稱為「君子角」，摔角不必同國際角力，使對方雙肩著地，也不需如柔道中的地面捉牢

法（關節技及絞技），只需讓對方倒地（手扶地，膝跪地）即為勝一角，此純粹表現技術精練，功力紮實之故，且文明、灑脫，更兼大方為善的君子風範。中國摔角大師——崔富海所著《跤鄉摔角抱腿絕技》書中，即列舉有六十多種技法精湛的抱腿摔法。而先師花蝴蝶——常曼天的抱摔技術，更是變化多端，真可說是出類拔萃、鶴立雞群。

二、軍中體育歷練

（一）戰鬥體育訓練班

民國四十七年，國防部總政治部為增強國軍近戰格鬥技能，特在政工幹校（國防大學、政戰學院）成立國軍戰鬥體育訓練班，召集國軍各軍種、部隊、校、尉級軍官，進行為期四個月的訓練，課目教材：

（二）武術

拳術（基本功、各拳術實用動作，編成十字拳與八字棒）、摔角（基本功、實用摔角十二式）、擒拿（拿法與解脫反擒法二十四式）。

（以上武術動作均顯示在空手戰鬥法中。）

（三）戰技

機巧運動（墊上運動、跳木馬（箱）、單槓、雙槓）。

1.美式劈刺

有關美式劈刺含括：

（1）基本刺法、托擊法（如圖1～18）

圖1　　　　　　　　圖2

圖3

圖4

圖5

圖6

圖7

圖8

圖9

圖10

圖11

圖12

圖13

圖14

圖15

圖16

圖17

圖18

(2) 刺靶（如圖 19～25）

①固定靶

圖19

圖20

②防刺靶

圖21　　　　　　　　圖22

③防刺、托擊及擺動靶

圖23　　　　　　　　圖24

圖25

(3) 空手戰鬥法（奪槍、奪刀）

① 奪槍預備姿勢

圖26

圖27

② 彆腿奪槍（敵人右腳在前）

圖28

圖29

③捲拿奪槍

圖30　　　　　　　　　圖31

④絞臂奪槍

圖32　　　　　　　　　圖33

⑤掛踢奪槍

圖34　　　　　　　　圖35

⑥抹踢奪槍

圖36　　　　　　　　圖37

⑦奪刀預姿勢

圖38　　　　　　　　　　圖39

⑧上手捆臂奪刀

圖40　　　　　　　　　　圖41

⑨上手捲拿奪刀

圖42

圖43

圖44

⑩下手捲拿奪刀

圖45　　　　　　　　　圖46

⑪下手壓肘奪刀

圖47　　　　　　　　　圖48

⑫工作器具對刺槍進攻法（短棒術）

a. 圓鍬攻擊（圖49①～③）

③　圖49

b. 十字鎬攻擊（圖50①～③）

圖50

(4) 聯合攻擊法

① 聯合攻擊法的要義

A. 當進行白刃戰時雖然是個人對個人的戰鬥，但是每個人應該先瞭解，他的戰鬥不是為他自己，而是為了他的團體，當一個戰士未與敵人交手時，他不會知道他將和哪一個敵人接觸，並且在戰場上也從不會知道，忽然間會有幾個敵人攻擊自己，或者他自己和幾個友軍攻擊一個敵人，在此種瞬息萬變的情況下，誰能迅速發揮團體戰鬥的技能、意識、技巧，誰就能得到勝利。也就是要遵照總統所訓示：「一助一、二助一、一助二，三人同心必定得勝，三人合力必可滅敵」的原則和聯合攻擊的精神。

B. 如果能夠發揮聯合攻擊的精神，兩個戰士同時攻擊一個敵人，很可能立刻把敵人消滅，再進攻其他敵人，當進入白刃戰最初一瞬間，即運用此種方法，一定可以減弱敵人的抵抗力量，隨後也很容易將剩餘的敵人逐個消滅。如果戰士們缺少此種聯合攻擊的方法，很可能被少數敵人牽制我多數人員，然後敵人的同伴隨即前來協助他，以致造成敵眾我寡而為敵人所乘。

C. 聯合攻擊的方法，必須簡潔，並且要有彈

性，因為敵人未曾來到面前，吾人無法逆料實際交戰時的動作變化，當然亦無法解說怎樣進行才是標準的協調攻擊。此必須基於自己平時練習經驗和當機立斷的果敢精神來決定。

②聯合攻擊的方法

聯合攻擊法除應遵照總統訓示的「一助一、二助一、一助二，三人同心必定得勝，三人合力必可滅敵」的原則與精神，更應發揮三角形攻擊隊形的優點，其運用方法如後：

A. 兩人攻擊一人法：（以二殺一）（如圖51）。

a. 接近：在戰鬥時，兩個戰士同時向一敵人衝進，他們不知道敵人的動向，無法計畫他們合作的方法，唯一的目的，就是盡快的與敵人接近，盡可能的相互聯繫，取得默契。

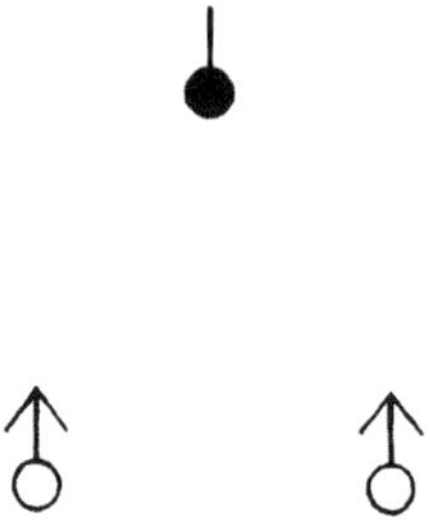

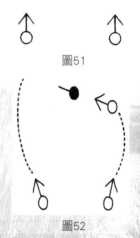

圖51

b. 接觸：他們與敵人接觸時，最先面對敵人的一人，應即速做正面攻擊，另一人仍繼續前跑，待至敵人身後或側方時迅速轉身向敵人攻擊（如圖52）。

圖52

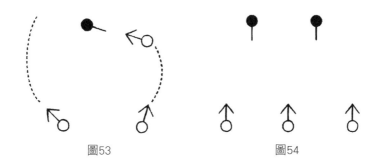

圖53　　　　　　　　　　圖54

c. 交互攻擊：假如敵人忽然轉身來抵抗，他即應認為只自己單獨作戰，兇猛的向敵人做正面攻擊，當進行此種攻擊時，誰的刺刀沒有逼近敵人，誰就會被敵人刺死。這整個攻擊，幾秒鐘內即可見勝負，並且這些衝進、接觸、攻擊，亦是連續的，中間不容有絲毫的停滯情形（如圖53）。

B. 三人攻擊兩人法：（以三殺二）（如圖54）。

a. 接近：三人接近兩個敵人時，亦如兩人接近一人時因為不明白將來情形如何，唯一目的就是盡快的與敵人接近，同時要注意到相互連繫，取得默契。

b. 接觸：當三人前進與敵人接觸時，其中兩人面對敵人做正面攻擊，另外一人迅速向最容易接近的敵人側、背方衝進，刺擊其暴露之部位，其攻擊動作同兩人攻擊一人，其他兩人仍繼續其正面攻擊，此時如果敵人為保護他的側面而向戰鬥，就

很容易被當面的一個刺擊
中，如果殺死一個敵人，
三人集中攻擊另一敵人，
即會很快消滅之（如圖
55）。

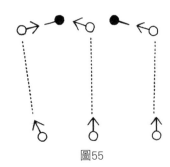

圖55

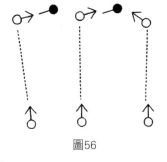

圖56

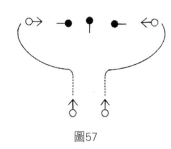

圖57

c. 交互攻擊：同兩人攻擊一人法（如圖56）。

C. 兩人攻擊三人法：（以二殺三）（如圖57）。

當兩人攻擊三個敵人時，這兩個必須突然轉至
敵人的兩側攻擊之，如將其中一人刺死，應即刻轉
向中央敵人攻擊。

D. 一人攻擊二人法：（以一殺二）（如圖58）。

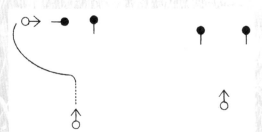

圖58

　　一個戰士攻擊兩個敵人時，在接近時對著兩個敵人前進，使敵預測不出我究竟先攻擊哪個人，俟到達適當距離時，迅速而機警地轉到某一敵人側方，集中精神，速將其消滅，在攻擊另外一個敵人，特別提高警覺的是絕對避免夾在敵人中間。

　　③聯合攻擊訓練法：

　　A. 訓練原則：

　　a. 戰士的刺槍術熟練後，才能開始進行聯合攻擊。

　　b. 練習時，應分為每三人或是五人一組，刺刀要帶刀鞘。

　　c. 攻擊的動作要盡量逼真，惟擔任敵人的人，抵抗要輕。

　　d. 擔任敵人的人，不要取攻勢，如此才可使攻擊者體會攻擊的方法與要領。

　　e. 無論誰的身體被刺刀觸到，即視為被刺死，因此必須跪下或躺下至爭鬥完畢後才可站起。

　　f. 士兵經數次練習後即交換，使各人對每一部位都能熟悉。

　　g. 開始練習，速度宜慢，以使體驗道在各種不同的情況下，應採取的適當動作，當動作熟練後再用最大速度練習。

h. 少數人攻擊多數人，必須使自己在敵人側方，與其拉成一線，迅速攻擊最近的一人，將其消滅後，再攻擊第二人。

B. 訓練順序：

a. 兩人攻擊一人。

b. 三人攻擊二人。

c. 兩人攻擊三人。

d. 一人攻擊二人。

國防部戰鬥教育訓練班，在北投政工幹校舉辦第一期之後，就由國防部所設立的「體育學校」（台北市綜合體育場，屬任務編組）接辦。自民國四十八年始，共舉辦過四期，受訓學員五百餘人，所有學員結訓後回歸各軍種部隊，展開一系列的普遍訓練，增強了三軍各部隊的近戰格鬥技能。

國軍戰鬥體育訓練班的師長，均為武術界翹楚：拳術——李元智、摔角——常東昇、擒拿——潘文斗（三位大師均為中央國術館名師），拳術、摔角助教張英健（台港澳武術大賽總冠軍），美式劈刺——王煥琪、體操——卜貴雪，郭慎擔任常師東昇摔角助教。

民國五十年，國防部總政治部成立戰鬥體育巡迴教學小組，每年年終期至三軍各部隊教學及視察

各部隊推行戰鬥體育教育訓練成效，並輔導教學，以求動作統一、技術提升。

　　筆者年年與教學視察小組同仁參與，除負責摔角兼教授美式劈刺、空手戰鬥法（奪刀、奪槍）及劈刺聯合攻擊法之演練，倍感疲累，卻也樂以忘累，全力以赴提升部隊整體戰力，使每位戰士能有深厚的戰鬥技能，犧牲一切在所不惜。

2.新編刺槍術

　　目前國軍所實施的刺槍術，乃於民國五十三年由國防部總政治部（其實有關國軍戰鬥技術策劃、訓練均由該部負責）指派張鏡宇（原任教於南京中央軍校的專任劈刀、日式刺槍教官）與郭慎（任職於國防部政工幹校體育系教官）負責美式劈刺部分之策劃訓練。

　　事實上，郭慎教官在民國三十六年入伍於青年軍二零八師時，就接受過艱苦的日式刺槍術磨練。張鏡宇教官與郭慎教官二人合作，為國軍研發出「新編刺槍術」可說相得益彰。

　　經歷一年的時間，先後在台北縣林口鄉陸軍作戰發展司令部與北投政工幹校，召集教育程度不同的戰士與政工幹校體育學系三、四年級的學生，分

段進行日式刺槍術與美式劈刺的訓練，而重要的任務是將兩種技術互異的美式劈刺與日式刺槍術混合編成「新編刺槍術」。

新編刺槍術包括：美式劈刺的基本姿勢之優點，如：用槍迅速，迴旋轉變方向穩捷，托擊、砍劈便利。日式步法、刺法特長（*步法、刺法，實用而多樣*），並融匯我中華武術固有槍法（*槍為百兵之王*）、棍法（*棍打一片，擊一點*）、刀法（*刀如猛虎、砍殺俐落*）之刺，擊砍之攻，防優點技術而成。

新編刺槍術，經過一年時間的多次實驗，並由陸軍作戰發展司令部，全體審查委員認可（*審查委員由陸軍作戰發展司令部，二十多位將軍組成*），呈報國防部長官核准，並通令國軍各部隊普遍實施。迄今一百零八年，已五十五年。

新編刺槍術，不僅是戰場上消滅敵人的武術，更是平時國軍各部隊官兵，備戰訓練的精神利器，其對國軍訓練，作戰價值重大，且更不受時空影響，而永存為我國軍整軍經武的寶典。（附資料）

(1) 基本刺槍術（如圖 59～62）

圖59

圖60

圖61

圖62

(2) 應用刺槍術（如圖63～69）

圖63

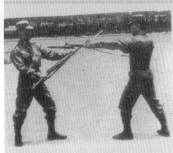
圖64

圖65

圖66

圖67　　　　　　　　圖68

圖69

(3) 托擊法（如圖 70～74）

圖70　　　　　　　　圖71

圖72　　　　　　　　圖73

圖74

(4) 綜合應用動作

【目的】白刃戰時，刺刀無法充分發揮時，在與敵接觸之瞬間以迅速之手段，運用以下各種技術方法殺敵人（如圖75～89）

①托擊攻防法

圖75　　　　　　　　圖76

圖77　　　　　　　　圖78

②拳打足踢法

圖79　　　　　　　　圖80

圖81　　　　　　　　圖82

③壓槍掛踢法

圖83　　　　　　　　　圖84

圖85

④閃踹奪槍法

圖86

圖87

圖88

圖89

⑤刺槍術護具

圖90　　　　　　　　圖91

⑥著護具的方法（圖92～101）（張鏡宇拍攝）

圖92　　　　　　　　圖93

圖94　　　　　　　　　　圖95

圖96　　　　　　　　　　圖97

圖98　　　　　　　　圖99

圖100　　　　　　　圖101

3.功力訓練測試器的研發與設計

此項測試器研發，主要作用在精實國軍各部隊
軍官，戰士們在近戰刺殺技能，更符合實戰要求以
達到刺殺、擊打、砍劈，每一動作均能重創與消滅
敵人，同時使刺槍術在平時訓練競賽時，能達到公
平、公道之目的。功力訓練測試器之製造，以明確
之數據，作為裁判評鑑之基準。

本功力訓練器之研發，經由憲兵學校、陸戰
隊、步兵學校、空軍警衛指揮部、政戰學校等五個
單位，共同研發，並準時提出研發成果，呈報國防
部、總政戰部相對比較選出適合訓練使用者，並
請專業廠商製作。審核結果，以政戰學校郭慎教官
研發器入選（參謀總長、空軍一級上將獎狀獎勵）
（附測試器樣式及獎狀）

(1)分數計算表

得分 磅數	100磅 以上	90-99 磅	80-89 磅	70-79 磅	60-69 磅	50-59 磅	49磅 以下
得分	10	9	8	7	6	5	不計分
附註	一、刺擊順序為左胸部五次，上擊襠部，橫擊左 　　頭部，衝擊面部，砍劈右肩、左胸部。 二、每次刺擊必須在50磅以上之功力才予計分， 　　10次刺擊總計60分為及格，100分滿分。						

(2) 刺　靶

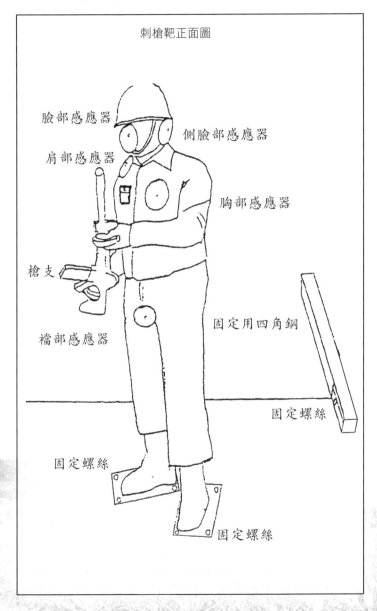

刺槍靶正面圖

臉部感應器

側臉部感應器

肩部感應器

胸部感應器

槍支

固定用四角鋼

襠部感應器

固定螺絲

固定螺絲

固定螺絲

(3) 玻璃纖維訓練用模擬槍

1. 規格：模擬國軍65式步槍

2. 全長：126公分

3. 重量：3.32公斤

4. 顏色：黑色

5. 比例：1:1

6. 材料：朱子纖玻璃布＋R-802樹脂（26.9%）

(4) 電腦控制主機

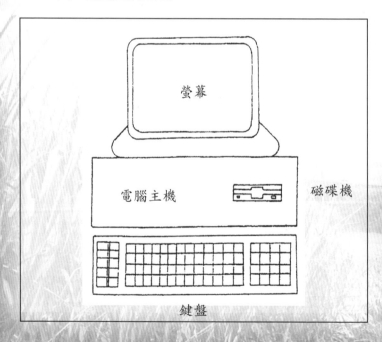

(5) 感應器側面圖

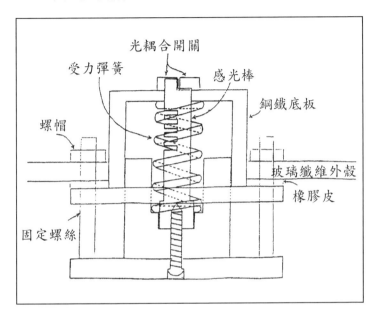

光耦合開關

受力彈簧

感光棒

鋼鐵底板

螺帽

玻璃纖維外殼

橡膠皮

固定螺絲

(6) 刺槍術功力測試成形圖

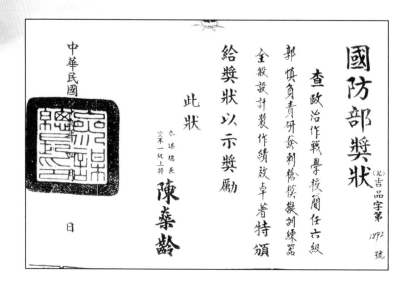

國防部獎狀 (兑)吉品字第 1892 號

查政治作戰學校簡任六級郭慎負責研發刺槍模擬訓練器全般設計製作績效卓著特頒

給獎狀以示獎勵

此狀

中華民國　　　　　日

參謀總長　空軍一級上將　陳燊齡

三、強化學校國防體育

　　教育部公布「高級中等以上學校國防體育實施計畫」，由青年救國團策劃，舉辦國防體育研習會。筆者受邀參與加強中等以上學校國防體育實施會議，並赴高中、大專學校協辦國防體育之教學推廣，曾與學弟林朝琴教官赴台北市國、高中教授莒拳道（韓國跆拳道）。

　　事實上中上學校實施的國防教育，就是國防部總政治部所推展的「戰鬥體育」，其一、近戰技術：拳術、摔角、擒拿，另加莒拳道及戰鬥體能的訓練項目：戰地運動、草坪運動、爭鬥運動、攀登

運動、超越障礙、手榴彈投擲等。項目設計眾多，
但限於個學校體育設備欠缺，因此實際訓練場以各
學校實際狀況為主。有關中上學校推展國防體育實
施，筆者除了協助政戰學校體育學系主任鄭煥韜教
授，為教育部編撰國防體育教本外，更應聘為華興
書局，編寫高中高職適用《國防體能訓練教本》一
冊，供各高中、高職使用（附資料）。

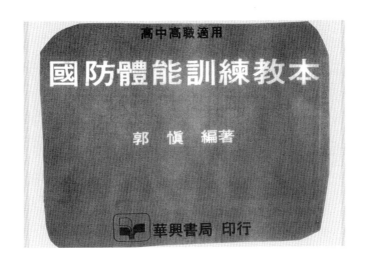

加強中等以上學校國防體育實施計畫

壹、目的

配合國防需要，加強基本體能，以增強國民體力，厚植國防力量，並培養尚武、自強、團結、愛國之精神。

貳、實施原則

一、利用體育正課教學，設計簡單實用之教材，教學務求嚴格徹底。

二，配合軍訓、童軍調練及課外運動時間，採取生動活潑之方法，並力求積極有恆。

三、以中等以上學校學生為對象，全面推展。

參、實施要領

一、教材之編配，以體育課程標準與國防體能訓練教材為依據。

二、教學之方式，以配合體育正課安排適當時間加強基本體能調練為原則，亦得依據教材之實際需要，設計成單元教材。

三、活動的型態，除加強個人之自我鍛鍊外，

應儘量設計適合團體共同參與之活動項目，以培養團隊意識。

四、依據體能訓練及國防體育之特性，設計具體可行並具客觀標準之競賽項目，各級學校應利用舉辦運動會或課外運動時間，作為競賽或表演項目，廣為推廣，以蔚成風氣。

五、各級學校應儘量利用現有場地設備配合推展，並依據實際需要，寬列預算，酌增設備。

六、有關刺槍術、跆拳等戰鬥技能，在軍訓課程實施；有關急救與護理之實務演練，則配合護理課程實程。

肆、教材綱要

一、教材種類：

（一）跑步訓練：利用中、長距離徒手跑步的方式，以鍛鍊附力、速度、敏捷性及平衡等基本體能。

（二）戰地運動：利用切合戰場實際需要的教材，以訓練敏捷性及基本體能。

（三）草坪運動：利用運動量大且有助於敏捷性之項目，以訓練戰場上的基本體能。

（四）攀登運動：利用攀、登等動作培養基本

體能，並適應涉水越嶺的戰場需要。

（五）爭鬥運動：利用格鬥性運動項目，以加強平衡、力量、鬥志的訓練。

（六）拳術：利用克敵制勝之近戰動作，以加強攻守技術、毅力磨礪以及力量敏捷等技能的訓練。

（七）手榴彈投擲：利用擲遠及擲準的訓練，以培養達成戰勝攻克任務之戰鬥技能。

（八）武裝（負重）跑：利用負荷量增加、刺激強度增強的跑步方式，以培養戰場上衝鋒陷陣的優越體能。

（九）超越障礙：利用爬行、攀登、匍匐前進、跑、跳及跨越等項目，以訓練場上衝鋒陷陣的優越技能。

（十）游泳：利用游游池、河川、湖泊或海水浴場訓練游泳技術，以適應戰場上的實際需要。

伍、教材要領

教材種類 \ 教材年段	教材要項			
	國民中學	高級中等學校	大專院校	備　註
跑步訓練	800公尺（男生）400公尺（女生）	3000公尺（男生）800公尺（女生）	3000公尺（男生）1500公尺（女生）	

教材種類 \ 教材教年段	教材要項			
	國民中學	高級中等學校	大專院校	備　註
戰地運動	蹲走、俯撐跳躍、仰臥起坐、肘觸膝行、雙臂托人、救護駝人，匍匐前進	全蹲叉腰、屈身跳躍、仰臥踏車、單膝跪行、單肩人、救護駝人、匍匐前進	俯撐弓身、腕下跳躍、仰臥曲體、蛙跳、爬行帶人、救護駝人、匍匐前進	女生次數酌減，並以救護性動作為主。
草坪運動	快跑—突停（前仆後倒）曲折跑—突停（前仆、後倒）	同上	同上	一、以男生為實施對象。 二、年段高者，訓練量應酌予加重。
攀登運動	爬竿—兩腿夾竿式、腳掌相對夾竿式、兩腿懸空式 爬繩—夾腿上爬、兩腿懸空及繩上停留	同上	同上	一、注意上爬、下落及保護方法。 二、年段高者，訓練量應予加重。 三、女生上爬高度及次數酌予減少。
爭鬥運動	拉手、踏足尖、扭棍、屈腕角力、抱臂角力、人體拔河、騎馬戰	背推、胯下拉手、蹬足拉棍、十字抱角力、手臂角力、拖拉過河，島域攻佔	鬥雞、單足拉手，握棍互拉、抱頭角力、印地安角力、目的線角力，捉俘虜	運動量按年齡與性別酌予調整
拳術	跆拳道、摔角、擒拿	同上	同上	女生以擒拿等自衛術為主

手榴彈投擲	壘球擲遠及擲準	手榴彈擲遠及擲準	手榴彈擲遠及擲準	除投擲外可增加緊急臥倒之動作
武裝（負重）跑	負重跑：200—400公尺（男生）50—100公尺（女生）	負重跑：400—800公尺（男生）100—200公尺（女生）武裝跑：400—800公尺（男生）50—100公尺（女生）	負重跑：800—1500公尺（男生）100—200公尺（女生）武裝跑：800—1500公尺（男生）50—100公尺（女生）	一、可採取大隊接力的方式實施。二、女生負荷重量可酌予減輕，或以抬、推、拉等方式為活動方式。
超越障礙	配合學校場地設備實施	同上	同上	一、以高級中等以上學校男生為主。二、按年齡之不同項目酌予調整。
遊泳	配合學校場地設備實施	同上	同上	一、游泳以側泳與俯泳為主，以配合武裝游泳之實施。二、按年齡及性別作不同之訓練標準。

參考資料：

◆國軍戰鬥體育教材第一輯。國防部總政治部四八‧八。　戰鬥技能。　郭慎編著。

◆政戰學校出版‧六四‧七。　國軍體育訓練。國防部出版。

◆政戰學校體育系郭慎等編著‧五九‧五。　國防體育。　教育部體育司編印。六八‧八。

◆陸軍莒拳道。　陸軍總部印行。六十年‧二月。體能訓。

◆國軍體幹進修教材：政戰學校體育學系，郭慎等編著。五五年、四月。

◆體能訓練‧（PHYSICAL REDINESS TRAINING）

政戰學校譯印，六十一年、十月。譯者：朱恩廣。

四、社會體育的經歷、服務

（一）參加運動競賽

筆者稟性喜好運動，且多樣與趨向冒險，除了前文所述國防戰鬥體育的各種項目外，常利用課餘、假日參與多種社會體育運動，如：器械體操雙槓、單槓，獲國軍體操賽三、四名，亦是投考政工幹校體育組的專長項目。參加母校校運會得到鉛球冠軍，參加台灣省（台灣區運動會）獲得：摔角冠軍（重量級）、舉重亞軍、季軍（中重及輕重量級）。另獲得：柔道二段、角力六段、摔角九等（金帶師範，世界摔角總會頒發）（附資料）

1961年台灣省第十六屆全省運動會獎狀
（舉重中重級決賽第二名）

1963年台灣省第十八屆全省運動會獎狀
（男子部舉重輕量級競賽第三名）

1965年台灣省第二十屆全省運動會獎狀
（男子摔角重量級競賽第一名）

1965年台灣省第二十屆全省運動會男
子舉重中重量級競賽第三名

參加政戰學校第三屆校慶運動會獎狀
（普通組推鉛球第一名）44

中華民國柔道協會

授　段　證　書

郭　　　慎　係　山　西　省　五　台　市　縣　人

中　華　民　國　三　十　年　七　月　廿　七　日　生

經　本　會　審　查　合　格　授　予　柔　道　貳　段

此　證

理　事　長　池　天　森

中　華　民　國　八　　　　　　　　　　廿　六　日

23254　號

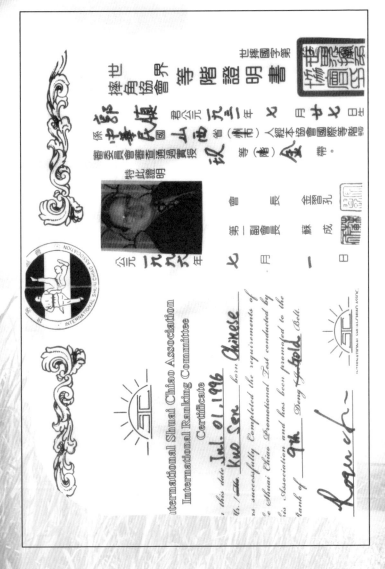

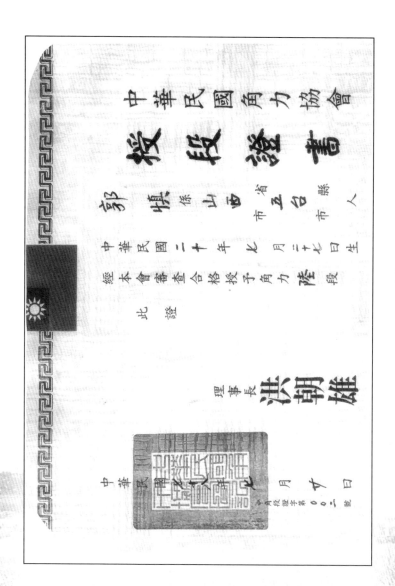

（二）教練、裁判講習取得合格證

　　體育行政、體育教學法、運動裁判法等三項為推展體育、運動實務性的課程，擔任教練要學得運動技能，熟悉有關戰術及戰略的知識。參加運動競賽，必須深解運動規則，熟練精道的裁判技術，才能把運動規則活生生的展現出來，因此取得教練證、裁判證是必須的，筆者考取多項國家級及國際級教練證、裁判證，當然經過不少的挫折和歷練。也才能使教練與裁判工作得心應手，順暢進行，恰當的做妥教練、裁判工作（附資料）

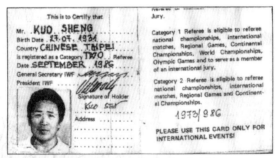

1986年舉重國際級裁判證

1987年健美國際級裁判證

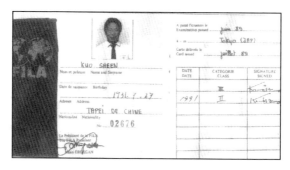

1990年亞洲角力裁判證

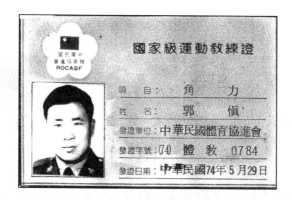

1991年角力國際級裁判證

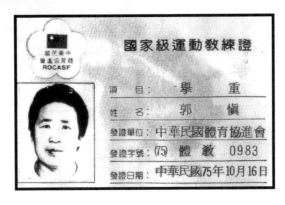

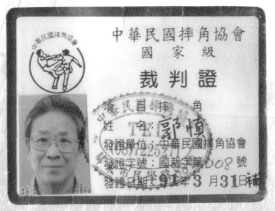

五、國際體育運動的參與、服務

擔任中華台北角力協會秘書長、中華台北摔角協會秘書長，均為期兩任八年，共十六年，平時按協會，各年度計畫，舉辦選手訓練暨參加國際角力各種競賽（亞洲盃，世界盃，亞、奧運會，男青、少年錦標賽，女子錦標賽及國際邀請賽）。（摔角協會非國際項目，參加由中國舉辦的邀請賽）。

更重要的是協助國家級教練、裁判，考取國際級的資格，在筆者擔任角力協會秘書長期間，曾多次選派二十多位角力教練與裁判，分赴日本、韓國、義大利、法國取得各等級的國際角力教練與裁判合格證。

筆者曾於一九八五年（民國七十四年）偕同紀昆煌（時任角協秘書長），赴法國巴黎參加國際角總教練講習會，取得國際角力教練證。一九九〇年（民國七十九年）赴義大利參加國際角總裁判講習會，取得國際角力裁判證。另外考取國際舉重總會教練證、裁判證。在新加坡考取健美裁判證與教練證。各種裁判證，均被聘請擔任各種國際比賽裁判（附資料）。

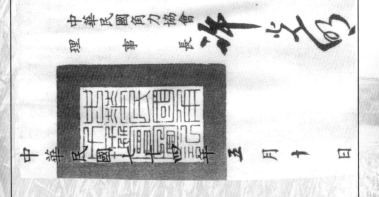

獎　狀　（7-）全角協明字第0五0號

茲　郭　棋　先生榮任中華民國

角力代表隊領隊參加美國

夏威夷一九八五年國際角力賽

員責盡職成績優異為國爭光特

頒獎狀以資獎勵

中華民國角力協會

理　事　長　洪一文

中華民國七十四年五月十日

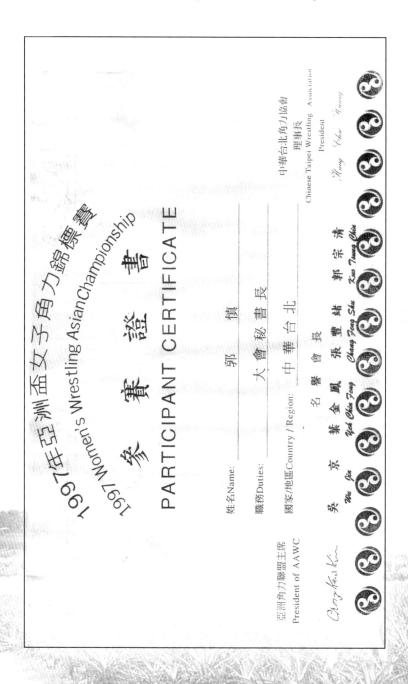

1990年亞洲角力錦標賽團體亞軍
連戰院長合影

1992年土耳其青少年角力賽成績優良凱旋歸國

1990年出席亞運會全體職隊合影

1993年出席亞洲舉重會代表

CHINESE TAIPEI
中華台北

フリースタイル　(F)

KUO SEN　　CHI KUN HUANG　　CHI KUN CHENG　　HUNG CHAO HSIUNG　　YANG CHI MING　　HOU CHON YI

CHI CHI TA　　LIU CHIN TSAT　　WU WEN SENG　　HUANG CHIEN LUNG　　LEE NAN TE　　CHI MAN HSIEN

第6回アジアレスリング選手権大会
6TH ASIAN WRESTLING CHAMPIONSHIP

CHI TSUNG HUE

- Leader　　　　　KUO SEN　　　　　　　　クオ　セン　　　　　　　郭　　慎
- Coach　　　　　　CHI KUN HUANG　　　　チ　クン　ファン　　　　紀　嵐煌
　　　　　　　　　　CHI KUN CHENG　　　　チ　クン　チェン　　　　紀　昆呈
- Referee　　　　　HUNG CHAO HSIUNG　　フン　チャオ　スィウン　洪　朝雄
- Other Officials　　YANG CHI MING　　　　ヤン　チ　ミン　　　　　楊　啓明

〈選手〉
① 48kg.　HOU CHON YI　　　　　ホウ　チュン　ユイ　　　候　駿逸
② 52kg.　CHI CHI TA　　　　　　チ　チ　タ　　　　　　紀　志達
③ 57kg.　LIU CHIN TSAT　　　　リュ　チン　ツァト　　劉　經財
④ 62kg.　WU WEN SENG　　　　　ウー　ウェン　セン　　呉　文生
⑤ 68kg.　HUANG CHIEN LUNG　　ファン　チェン　ルン　黃　建龍
⑥ 74kg.　LEE NAN TE　　　　　　レー　ナン　テ　　　　李　南德
⑦ 82kg.　CHI MAN HSIEN　　　　チ　マン　ツェン　　　紀　滿憲
⑧ 90kg.
⑨ 100kg.
⑩ 130kg.

第六屆亞洲盃角力賽（日本大洗町）

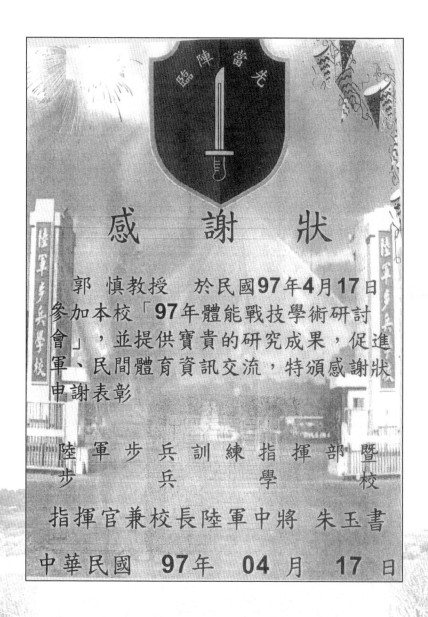

感　謝　狀

　郭　慎教授　於民國97年4月17日參加本校「97年體能戰技學術研討會」，並提供寶貴的研究成果，促進軍、民間體育資訊交流，特頒感謝狀申謝表彰

陸　軍　步　兵　訓　練　指　揮　部　暨
步　　　兵　　　學　　　校

指揮官兼校長陸軍中將　朱玉書
中華民國　97年　04月　17日

1994年海峽兩岸國術學術研討會

(83) 體院國字第 0949 號

證 明 書

郭　愼　君

於中華民國八十三年六月一日至六月三日

參加 1994 年海峽兩岸國術學術研討會

特此證明

（本研討會係教育部83年3月21日台(83)體字第 012936 號函委託辦理）

國立體育學院

院長　邱金松

中華民國民八十三年六月三日

1990年新加
坡亞洲健美錦標
賽裁判

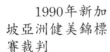

1990年北京
第十一屆亞洲運
動會角力裁判

1990年十一屆亞運會角力裁判與中國角力協會
遲浩天理事長（參謀總長）合影

1991年印度新德里亞錦角力賽裁判

1992年莫斯
科世界女子角力
賽裁判

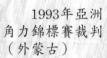

1993年亞洲
角力錦標賽裁判
（外蒙古）

1994年土耳其世青角力賽裁判

1994年義大
利羅馬世錦角力
賽裁判

中華摔角協
會選派選手參加
由中國北京舉辦
的首屆國際邀請
賽全體裁判合影
（2003年）

1991年8月赴德國柏林體育行政與領導管理學院、漢堡體育學校、科隆教練學院、慕尼黑運動學院，參加講習獲頒證書（普瑞辛院長頒發）

1996年亞特蘭大奧運會會議代表

參加國際角總假法國巴黎市，籌辦國際A級角力教練講習會，結業時，榮獲授證國際角總教練委員會主任，頒發證書。（74年）

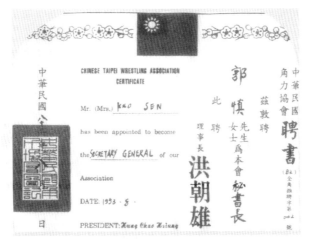

1993年8月中華民國角力協會聘書（本會秘書長）

　　2003年10月臺北市體育會第十一屆摔角委員會成立
大會郭慎先生擔任主任委員

　　考試院特種考試及格證書民國54年乙等特種考試國
防部行政及技術人員考試（體育人員）

當選模範父親

肆、傳授專業體育 運動嘉惠學子

　　筆者自民國五十七年承接台北市立體育專科學校教務主任趙國慶教授聘任講師，主授重量訓練與舉重運動課程，並著有專書：《舉重運動》（民國五十六年出版），《重量訓練在運動上的應用之研究》，相繼由健行文化出版社發行。繼之應聘東吳大學、私立中華工專、軍方財務學校、文化大學，傳授中國式摔角、擒拿術、拳術等防身自衛課程。在文化大學教育學院國術學系（技擊運動暨國術學系），開設中國摔角與擒拿術，之後相繼開設專題講座（通識課程）：

　　一、武術諺語要訣（武術基礎理論）。

　　二、武術練功器材與現代重量訓練訓練法（二者接軌）。

　　三、健美運動（增強武者的英雄體魄）。

　　四、國軍體能訓練教材簡介（與中華武術接軌）。

　　五、國軍戰技訓練教材簡介（與中華武術接軌）。

六、中華民族武術發展概況。

七、武術與孫子兵法（武術與兵法接軌）。

　　筆者在文化大學兼任教師，長達三十個年頭，獲系主任魏香明教授頒授予「國術終身成就獎狀」（附資料：一聘書（函）。二軍中服務獲獎章、勳章）

一、聘書：

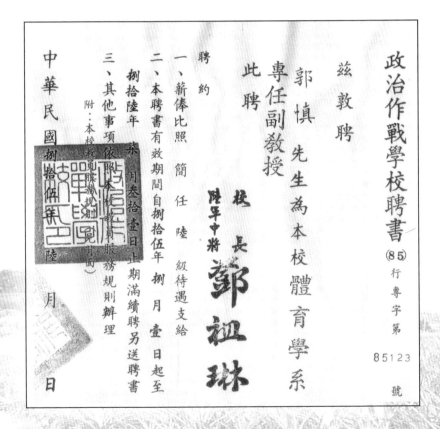

政治作戰學校聘書

⑧⑤ 行專字第

85123 號

茲敦聘

郭慎 先生為本校體育學系

專任副教授

此聘

聘約

一、薪俸比照 簡任 陸 級待遇支給

二、本聘書有效期間自捌拾伍年捌月壹日起至捌拾陸年柒月叄拾壹日上期滿續聘另送聘書

三、其他事項 依 本校教職員服務規則辦理

附：本校教職員服務規則（背面）

校長 陸軍中將 鄧祖琳

中華民國捌拾伍年 陸 月　　日

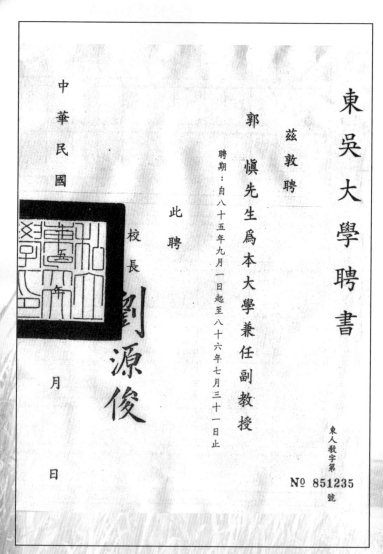

中國文化大學

聘　　書

（105）文大聘兼字第CRUSMA003號

茲敦聘

郭慎先生為本校兼任副教授

聘期自中華民國105年8月1日起至106年7月31日止

董事長張鏡湖

校　長李天任

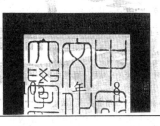

中　華　民　國　　　　年　8　　　7　日

私立中華工業專科學校聘書

華工專聘字第 707 號

茲敦聘

郭慎 先生為本校兼 任 講師

講授體育 課每週授課 小時任

期自民國柒拾 年捌月拾陸日起至

柒拾壹年柒 月拾伍日止

此聘

校長 王式智

聘書

茲敦聘

中國文化大學武術系郭慎教授
擔任陸軍第一屆「金湯盃」對
刺競賽技術委員召集人

此　聘

陸軍步兵訓練指揮部暨
步　兵　學　校
校　長　劉　鴻　鳴

中華民國96年2月12日

國立體育學院　聘函

受文者：郭慎老師

發文日期：中華民國九十年六月四日

發文字號：⑼體院人字第二一九四號

茲　敦　聘

郭慎先生為本校教練研究所八十九學年度第二學期碩士班研究生論文口試委員

校長　葉憲清

正本：郭慎老師

副本：本校人事室

機關地址：桃園縣龜山鄉文化一路二五０號

傳　真：(03) 328-4047

承辦人及電話：嚴素娟 (03) 328-3201轉1692

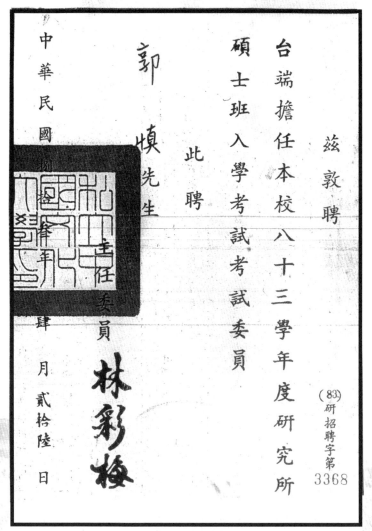

中國文化大學
八十三學年度研究所招生委員會 聘函

茲敦聘

台端擔任本校八十三學年度研究所
碩士班入學考試考試委員

此聘

郭慎先生

主任委員 林彩梅

中華民國捌拾參年肆月貳拾陸日

(83)研招聘字第
3368

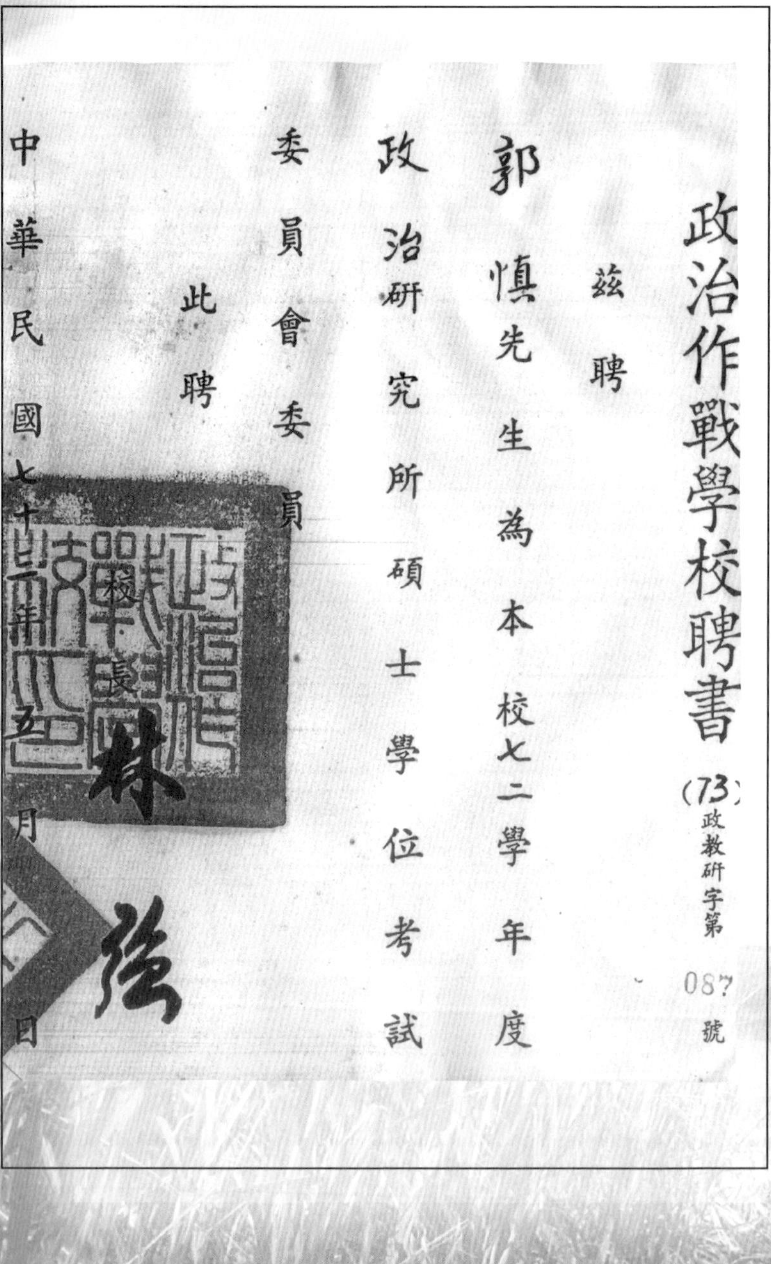

政治作戰學校聘書　(73)政教研字第　087　號

茲聘

郭慎先生為本校七二學年度

政治研究所碩士學位考試

委員會委員

　此聘

中華民國七十三年八月五日

校長　林弦

臺灣高等法院　函

機關地址：臺北市中正區博愛路一二七號
傳　真：（０２）二二三一五九四九

受文者：郭愼

速別：最速件
密等及解密條件：
發文日期：中華民國玖拾年參月廿壹日發文
發文字號：（九十）院賓人二字第 00713 號
附件：如主旨

主旨：茲聘請　台端擔任本院九十年度法警常年教育訓練講授人員，檢送上開訓練課程表乙份，請查照。

說明：
一、本院地址為台北市博愛路一二七號。（法庭大廈博愛路與貴陽街交叉口附近）
二、如有未竟事宜，請洽詢本院人事室楊科長（電話：２３８９４２０６）、法警室周代法警長（電話：２３７１３２６１轉８４０５）。

正本：郭愼（中國文化大學國術系）、孫敏華（政治作戰學校）、陳溙鳳（台北市政府警察局）、葉雲武（中華民國太極拳協會）、黃主任清君、周科長兼法警長鴻興、楊科長錫杭、楊科長蔚銍
副本：呂庭長兼書記官長永福、本院法警室、本院會計室、本院總務科、本院人事室、各指導及工作人員

檔　號：
保存年限：

綜合武術

院長　吳啟賓

第一頁

正本

中華民國太極拳總會函

受文者：郭教授　慎

速別：

密等及解密件：

發文日期：中華民國八十九年四月十日

發文字號：八十九拳平字第一○五號

附件：如文

主旨：本會定於八十九年四月廿一、廿二、廿三、三十日共計四天假台北市復興南路二段一號頂樓（太極文物館）舉辦八十九年度A（國家）級教練講習會，茲敦聘 台端為該講習會講師，檢附課程表乙份，屆時請準時前往授課為荷。

理事長　張肇平

摔角擒拿融入太極拳中

機關地址：台北市朱崙街二十號608室

傳　真：(〇二)二七七八三八九〇

電　話：(〇二)二七七五八七三二一三

二、軍中服務獲獎章、勳章：

民國58年政治作戰學校優良教官校長
王昇將軍頒獎

民國64年政治作戰學校優良教官
校長陳守山將軍頒獎

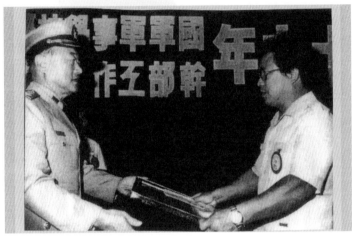

民國76年國軍軍事院校優良教官
宋長志將軍頒獎

民國80年國軍軍事院校優良教官
參謀總長陳燊齡將軍頒獎

忠勤勳章（57年）

壹星忠勤勳章（66年）

軍旅生涯獲得16面獎章

伍、師徒良緣

　　在博大精深浩瀚的中華民族武學中，筆者可說是一個白丁，武學理論膚淺，武技是凡夫俗子，茲為童稚時學習摔角稍有根基，投筆從軍後，在軍中交往過愛好摔角的夥伴，隨國軍來台灣後，因緣際會學過柔道、柔術、角力、八極拳、太極拳，又追隨摔角宗師常東昇勤練摔角，更受常師賞識提拔任助教十六年。此期間參加台灣省運動會、摔角比賽，獲重量級冠軍，之後一直專心研習摔角，寫些心得與述而不作、以述為論的文章，重在論述摔角明師行誼與精湛的角技，以作為喜好摔角同道們的借鑑。

　　民國七十八年至一百零八年，長達三十年的歲月，在文化大學教育學院國術學系（之後更名為技擊運動暨國術學系）與眾多同學們研究、切磋摔角理論（以筆者蒐集編著成書的《武術諺語與武術要訣手冊》為重與摔角技術教材）為教學範本。並編著《簡易太極角》一書，將摔角融入太極拳中，兩

者合一，既可鍛鍊體魄，又可防身自衛，增益太極拳的功能。武術界常言「太極拳加摔角，神鬼都會驚」。基於以上諸多誘因，引起眾多同學們拜師學習摔角。

《師說》云：「師者，所以傳道、受業、解惑也。」傳道：弟子傳師之道。受業：謂弟子受師之業。解惑：謂弟子求師解釋疑惑。摔角雖是武術小技，但在武術搏鬥中有其重要的價值。

武諺有云：「拿不如打、打不如摔」、「三年套路，不如一年角」、「拳加角，武藝高」、「拳足小功夫，全憑摔勝人」。「摔角重角德，寧輸十角不傷一人」、摔角二十字訣：「搵、鱉、挑、拉、踢、撿、扣、揣、撤、摟、抱、削、頂、勾、纏、彈、擰、撕、崩、捅」。以上每一句、每一字皆摔角前賢們的心血結晶。收徒責任重大，授受有志而向學者六子為門徒：邱翊展（中國上海體育學院武術學院博士）、江立民（美國愛荷華大學博士）、陳逸祥（中國文化大學教練研究所碩士）、傅文丕（體育大學運動生物碩士）、呂建民（中國上海體育學院武術學院碩士）、潘欣祺（中國文化大學國術學系學士）。（附收徒典禮及六子照片）

郭慎「郭氏太極角」宗派收徒典禮流程

由林鎮坤主任主持前段

林志昌秘書長主持後段

一、賓主請就座

二、郭慎宗師介紹來賓

三、來賓致詞

四、郭慎宗師致詞

五、行拜師禮儀

（接著請『引進師』台灣省國術會林志昌秘書長，主持『拜師禮儀』）

六、現在開始進行「拜師禮儀」

　　（一）請老師就位

　　（二）拜師人弟子就位

　　（三）呈拜帖、束脩、禮物

　　（四）向老師行三鞠躬禮：一鞠躬、
　　　　　二鞠躬、三鞠躬

七、禮成

師傅送禮一

師傅送禮二

邱翊展

陳逸祥

潘欣祺　　　　　　　　呂建民

陳逸祥

邱翊展

呂建民

潘欣祺

傳文盃

傳文丕

江立民

江立民

收徒來賓一

收徒來賓二

陸、結　論

　　一生孤苦流浪，參軍作戰，可說歷盡人世艱辛，是所謂「天命」，抑或命運。天命、命運，都屬天地萬物自然法則。古早說是天神的主宰，福祿壽喜，莫不受天命的佑守。貧富貴賤，是上天所安排，人力無法改變。

　　聖經啟示：神未曾應許，天色常藍，人生的路途，花香常漫。神未應許，常晴無雨，常樂無痛苦，常安無慮。受苦受難命定的，是一生寫照。

　　古人說：「能受天磨是鐵漢。」我舛誤的生命，就注定受苦難。但我克服萬劫，挺過來了。

　　一生與體育運動結下不解之緣，幼小學練國術（國父孫中山先生曾言：國術就是中國的體育），及長因緣際會踏入軍旅，更上層樓深化「戰鬥體育」技能。參與社會體育運動競賽，連串的歷練與經驗，使我通過各層次、各階段的體育運動實務體驗，成為軍事體育、學校體育、社會體育三位一體的實踐者。

　　體育強盛，就是強國，深切期盼為政者重視我中華民國體育教育，刻不容緩。

　　三喜降臨，桑榆晚景三喜降臨，是宿命論的所謂「命運」，抑或是上帝的憐憫安排：

　　其一、榮獲台灣百年體育人物誌，第七輯‧台灣國術戰技專家（台灣身體文化學會）。國防戰技專家非妄得虛名，可說窮己一生，獻身在國防戰鬥技能上（將另撰專文詳述），供我國軍獻身國防戰鬥技能同仁參考。

　　其二、獲教育部體育署「傳統武術名人」列體育運動文化數位典藏計畫中，資料共十一項：

　　（一）體壇菁典影片一片，內容為「中華傳統武術、中國式摔角」為主項，共兩個檔案。

　　（二）國軍體育發展之研究（白皮書）。

　　（三）勳獎章，其餘為論文。

　　其三、獲頒傑出校友獎（國防大學政戰學院六十七年校慶），民國八十八年曾獲校友楷模獎。

　　天地者萬物之逆旅，光陰者百代之過客，而浮生若夢為歡幾何！我沒有如此消極的感嘆！沒有虛度光陰，更沒有浪費生命，活得雖艱苦，卻也樂在其中，耄耋之齡，能喜事頻至，雖不能志在千里，但仍可老當益壯，為熱愛的體育運動，做出貢獻。

（附三獎及民國八十八年校友楷模獎）。

榮登臺灣身體文化學會臺灣百年體育人物誌
（郭慎臺灣國防戰技專家／第七輯101.12）

傳統武術名人獎

政治作戰學校校友會

獎狀

（八十九）校獎第○○六號

會員　郭慎　服務體壇多年，著書立說屢獲表揚，經執事委員會評選為八十八年校友楷模。特發獎狀，用資鼓勵。

會長　

中華民國八十九年元月六日

國防大學政治作戰學院67週年院慶暨傑出校友暨貴賓合影留念　108.01.04

傑出校友

政戰士官班	江啟臣
政戰預官第1期	鍾鳴鳳
政工幹校第1期	張秀實
政工幹校第2期	孫光
政工幹校第3期	焦士太
政工幹校第4期	郭慎
政工幹校第12期	施寬平
影劇系第14期	劉小卿
影劇系第15期	王彼得
政戰預官第31期	林國章
外文系第28期	黃榮河
新聞系第28期	胡光夏
政治系第30期	趙建中
社工系第33期	胡正申
美術科第10期	洪金城
書記官科第11期	魏文鵬
政戰預官第38期	曾昭愷
政戰預官第48期	劉正山

特殊貢獻獎

政治系第16期	詹哲裕

附錄：

一、運動照片

健　美

舉　重

摔 角

跳　傘

 # 後 語

　　一生遭受多種災難，但從不懼怕，雖然幼年時每遇困惑，心情忐忑心神不定，但從軍後受到諸多艱困、挫折，特別是戰爭生死搏殺的磨練，可說早將生死置之度外，對任何天災人禍、流言蜚語，均視如生活日常的部分，甚至因工作績優，遭人嫉妒，也無動於心。

　　常語：「不遭人忌是庸才，能受磨難是鐵漢。」經驗的積累驗證，欲是擔心跌倒、失敗，整天憂慮，一定會跌倒、失敗。

　　聖經也昭示，擔憂失敗，撒旦會跟著你，也會得罪神。只有凡事謹慎，做妥準備，充滿信心，面對挑戰就不會恐懼。

　　受洗誠心歸向基督，已歷半個世紀。期間遭遇困難，且兩次生病得到神的憐憫，恢復健康。自成為基督徒後，工作、事業均順暢，且暮齡喜事頻傳，衷心感銘神的恩典。基督教義是崇敬天道、博愛世人。林語堂在其《信仰之旅》文中所言：

「真基督徒是因為愛好聖潔及基督教裡面的一切可愛的東西，而自然成為基督徒。而不是害怕地獄之火或想進入天堂飲茶及天使們共唱聖詩而做基督徒的。」斯言可感可信，凡我基督徒應效法之。

金婚紀念照

郭慎出版專書

書　名	出版單位	出版年
國術、武裝跑、武裝游泳訓練教材	國防部總政治作戰部印行	1965年10月
刺槍術、手榴彈投擲、武裝超越障礙	國防部總政治作戰部印行	1965年10月
舉重運動	政治作戰學校印行	1967年6月
國軍體育訓練	國防部作戰次長室印行	1970年5月
舉重與重量訓練	北體專體育學會印行	1974年8月
擒拿術	政治作戰學校教育處印行	1975年7月
戰鬥技能	政治作戰學校印行	1975年7月
國防體育教材教法（陳海濤、郭慎合著）	政戰學校印行	1977年7月
重量訓練在運動上的應用之研究	健行育樂叢書	1978年6月
體育教材教法	政治作戰學校印行	1979年2月
重量訓練	政治作戰學校教育處	1979年8月
柔道教材	政治作戰學校教育處	1979年12月
中國摔角教材	政治作戰學校教材審查委員會	1979年12月
國防體育訓練教本（高中高職適用）	華興書局印行	1980年1月
國防體育教學法	覺園出版社印行	1980年11月

書　名	出版單位	出版年
體育大辭典「國防體育」撰述委員	臺灣商務印書館	1984年5月
中華民族武藝——中國摔角術之研究	政戰學校年度論文	1984 年
高中體育一至三年級共十八冊	華興書局印行	1985 年～1987 年
運動裁判法	政戰學校印行	1989年5月
體育行政	政戰學校印行	1992年9月
國軍體育回顧與展望	政戰學校覺園出版社	1996年3月
國防體能訓練教本（高中、高職適用）	華興書局印行	1980年1月
太極拳防身術	大展出版社有限公司	2005年8月
擒拿術	大展出版社有限公司	2005年10月
中國式摔角（中國文化大學國術學系教材）	大展出版社有限公司	2006年6月
武術諺語與武術要訣手冊	臺灣武林逸文出版公司印行	2010年8月
中華民國建國百年國軍體育的發展與變遷	大展出版社有限公司	2011年10月
郭慎宗師論國術(一)國術初論	大展出版社有限公司	2017年10月
簡易太極角	大展出版社有限公司	2018年11月
我這一生	大展出版社有限公司	2019年10月

大展好書　好書大展
品嘗好書　冠群可期

大展好書　好書大展
品嘗好書　冠群可期